Seed in Snow

BOA wishes to acknowledge the generosity of the following
40 for 40 Major Gift Donors

Lannan Foundation
Gouvernet Arts Fund
Angela Bonazinga & Catherine Lewis
Boo Poulin

Uzrakstīts augustā

... Kad bezdelīgas ir nobriedušas,
Kad zvaigznes ir nogatavojušās
Un tas ir augustā.

Un cilvēkam palēnām
Deniņi izkalst balti.

Papīra lapa sāk dzestri blāzmot
Un katram vārdam ir zemes garša.

Tā top augusts.

Seed in Snow

Poems by

Knuts Skujenieks

Translated from the Latvian by
Bitite Vinklers

BOA Editions, Ltd. ❈ Rochester, NY ❈ 2016

First Edition
16 17 18 19 7 6 5 4 3 2 1

Publications by BOA Editions, Ltd.—a not-for-profit corporation under section 501 (c)
(3) of the United States Internal Revenue Code—are made possible with funds from a
variety of sources, including public funds from the Literature Program of the National
Endowment for the Arts; the New York State Council on the Arts, a state agency; and
the County of Monroe, NY. Private funding sources include the Lannan Foundation for
support of the Lannan Translations Selection Series; the Max and Marian Farash Charita-
ble Foundation; the Mary S. Mulligan Charitable Trust; the Rochester Area Community
Foundation; the Steeple-Jack Fund; the Ames-Amzalak Memorial Trust in memory of
Henry Ames, Semon Amzalak, and Dan Amzalak; and contributions from many indi-
viduals nationwide.

Cover Design: Sandy Knight
Cover Art: *Evening Tree* (detail) by Daina Dagnija
Interior Design and Composition: Richard Foerster
Manufacturing: McNaughton & Gunn
BOA Logo: Mirko

Library of Congress Cataloging-in-Publication Data

[Names: Skujenieks, Knuts, author. | Vinklers, Bitite, translator.
Title: Seed in snow / Knuts Skujenieks ; translated by Bitite Vinklers.
Description: Rochester, NY : BOA Editions Ltd., 2016. | Originally published
    in Latvian as Seekla sniegea (Reiga : Liesma, 1990).
Identifiers: LCCN 2016021780 (print) | LCCN 2016029111 (ebook) | ISBN
    9781942683223 (paperback) | ISBN 9781942683230 (ebook)
Subjects: LCSH: Skujenieks, Knuts, author--Translations into English. |
    Liberty—Poetry. | BISAC: POETRY / Continental European. | POETRY /
    Russian & Former Soviet Union. | HISTORY / Europe / Baltic States. |
    HISTORY / Europe / Former Soviet Republics.
Classification: LCC PG9049.29.K34 A2 2016 (print) | LCC PG9049.29.K34 (ebook)
    | DDC 891/.9313—dc23
LC record available at https://lccn.loc.gov/2016021780

BOA Editions, Ltd.
250 North Goodman Street, Suite 306
Rochester, NY 14607
www.boaeditions.org
A. Poulin, Jr., Founder (1938–1996)

Contents

IV

V

Introduction

About his life's work, Knuts Skujenieks has written, "Since the time I chose to study literature outside of Latvia, I have spent the larger part of my life in exile—there were the studies in Moscow, the gulag in Mordovia, and the discrimination, whether harsh or mild, throughout the Soviet period."

Ironically, in the Mordovia labor camp where Skujenieks was a political prisoner, on trumped-up charges, from 1963 to 1969, he found a sense of creative freedom. In an early letter to his wife he wrote, "One advantage of my life in gulag circumstances—here I have greater freedom to create than outside. That may sound paradoxical, but it's true. I'm not hindered by any regulations, literary groups, discussions, approval or disapproval. . . . One drawback is that my arc of observation is rather circumscribed. But that too has its benefits—it develops the imagination." Characterizing the poetry written in the camp, at the 1996 PEN conference in Prague on "The Prison in Literature and Literature in Prison," Skujenieks said, "I have maintained, and maintain, that my poetry of that time is not 'gulag poetry' but poetry *written* in the gulag. I tried to neutralize the elemental imprisonment existence, universalize it, include it in a broader historical context . . . not let the situation guide my mind and hand. I can't say I was always successful, yet readers later, expecting traditional prison themes and moods, received something slightly different. The initial shock and protest gradually changed into a fight against prison within myself."

Skujenieks read and wrote intensively in the camp. Allowed to send two letters a month, he included several hundred poems in letters to his wife in Latvia, where they were circulated and read by his colleagues. The poems were published in their entirety in 2002, as a collection titled *Sēkla sniegā* (*Seed in Snow*).

Although Skujenieks's poetry has been translated into more than thirty languages, this is the first collection in English. The selection is centered on the work of the years in Mordovia. In Skujenieks's own words, "The spiritual and moral climate of the Khrushchev and Brezhnev era gulag didn't differ from that established in Stalin's time.

Only physical survival was relatively easier. . . . I had to preserve my balance and inner freedom—poetry enabled me to do that. Writing was my way of life. I didn't feel like a slave; I was a captive." In the gulag Skujenieks's writing developed: "It made me a better writer. At first, like my contemporaries, I still had a tendency to try to solve all the world's problems. Then gradually, like little animals, lyrical poems emerged. In the last years, I wrote every day, and my work became more concentrated and precise."

The Mordovia poems are highly diverse in style, tone, and motif, but throughout, despite a sometimes dark worldview, Skujenieks's irrepressible spirit keeps breaking through. There are, however, relatively few personal poems about his life in the camp. Instead, he shows emotion, and man's engagement with others and with the world around him, in voices other than his own, both human and taken from nature: voices as varied as those of the biblical Jacob, the poet Vallejo, a road, and a snowflake. He also creates a sense of universality by conflating eras and events; in the poem "*Lanterna Magica*," the Normans, Saint Francis, Prometheus, Sisyphus, and contemporary persons coexist—"all of them synchronous."

A characteristically Latvian dimension is the portrayal of nature, often animated, and of an intimate human interaction with nature that is rooted in the worldview in the traditional Latvian folk songs known as the *dainas*, which Skujenieks is deeply familiar with and has written about extensively. Also prominent in the *dainas* is the depiction of the power of words. To this Skujenieks adds thought, in unexpected images. Thought is compared to armor, it is carefully held by the hand like a child, it is caught sight of at the top of long stairs.

Throughout are poems of journeys, though few are geographical. They are highly imaginative, and many are vertical, upward. One of the most striking appears in the poem "the sky cuckoos," where the speaker is a pine tree, addressed by a road and taken on a journey:

> I have stood on the earth only as long as a pine,
> but the road, like a snake, coils around me and pulls
> me out of the ground: you, an outsider, will be worthless
> as lumber, you might as well come dance with me—
> over thrice-nine lands, through farmyards and towns,
> through thick and thin, with pine cones, pitch, and resin,

with woodpeckers and squirrels; let witchgrass
sprout from your pallet, let war be hatched by ants,
you and I will dance to the rim of the sun,
wish it good-day, and rise to the stars: our woodpeckers
will hammer gold, and blue goblets will ring,
and you won't have to stand on an open plain
another crippled lifetime

A different upward journey occurs in "Stairs," where a person is repeatedly urged up "one more spiral," until he can "catch sight of thought." Still, this is not the final goal—"the journey has just begun."

An especially frequent image is the sun, usually a rising sun. It is not surprising, then, that when an interviewer once asked Skujenieks if he would like to see the camp in Mordovia again, he replied, "I would like to get inside the zone, and through the fence watch the sun rising above the spruces. There I physically felt how the earth turns. After work I was often the last one in the assembly plant, and for weeks I observed how the sun's position in the sky changed. That was my real calendar. At the time I was reading Thomas Mann's *The Magic Mountain*, but I read it very slowly, to savor every page, every experience. In imprisonment, a person doesn't age, because time seems to have stopped."

—*Bitite Vinklers*
2016

Sēkla sniegā

Seed in Snow

I

Pasaules malā

Man nav nekā kopīga
Ar tiem, kas baidās no apdegumiem . . .
(Gijoms Apolinērs)

Šī ir pēdējā barikāde, uguns līnija, sarkanā svītra,
Pāri tai
Mēs vairs nesadosimies rokās.
Ne draugi, ne parlamentārieši, pat ne pudelesbrāļi.

Pēdējā diena, pēdējais teikums, pēdējā šanse.
Uz robežas sadegs vārds *mēs.*
Cauri ugunij netiks vārds *jūs.*
Paliks vienīgi *viņi.*

Šovakar pasēdēsim uz mūsu saprāta čemodāniem,
Uz mūsu goda jūtu mugursomām
Un saskaitīsim mūsu mūža sīknaudu
Turp—vai atpakaļceļam.

Pasēdēsim līdz rītam.

At the Edge of the World

> *I have nothing in common with those*
> *Who are afraid of burns*
> —Apollinaire

This is the last barricade, firebreak, red line.
Across it,
We will no longer shake hands
As friends, politicians, or drinking buddies.

The final day, the last sentence, the last chance.
At the border the word *we* will go up in flames.
The word *you* won't make it through the fire.
Only *they* will remain.

Tonight let's sit awhile on our suitcases filled with reason,
Our backpacks bulging with feelings of honor,
And count a lifetime's worth of pocket change
For the road ahead, or back.

Let us sit until the morning.

Karls Marija Vēbers, "Aicinājums uz deju"

Man vajadzēja šeit nonākt.

Man vajadzēja šo pekles universitāti,
kurā dzīves gudrību pasniedz
konvoja suņi.

Paldies!
Te es sapratu "Aicinājumu uz deju"
tā,
kā to nesaprastu desmit Vēberu,
šo opusu sacerēdami.

Stāvēt salā slapjām kājām zem reproduktora,—
to latviski sauc par vieglprātību.

Dīvaini,
tomēr loģiski,
ka sirdi,
apslēptu nospeķotā bušlatā,
visnegantāk skrāpē
visvisādi baroko un rokoko.

Stilizētā, galantā žestā
es sajūtu roku,
kas ne tik daudz aicina dejot,
cik iespiež man delnā
pusi no pusdienas maizes.

Carl Maria von Weber's Invitation to the Dance

I needed to come here.

I needed this infernal university
where wisdom is taught by
convoy dogs.

Thanks!
Here I understood *Invitation to the Dance*
in ways
a dozen Webers, composing this opus,
could never have imagined.

To stand listening under the loudspeaker
in freezing weather, with wet feet—
that, in plain language, would be called stupidity.

Strange
and yet logical
that the heart,
hidden under a stained smock,
is clawed the most cruelly
by all kinds of baroque and rococo.

I feel a hand,
extended in a stylized, gallant gesture,
not so much requesting a dance
as pressing into my palm
half the midday ration of bread.

Komentārs

Viņš pret mani cēlis un ap mani stādījis
žulti un rūgtumu,
Tumsā viņš mani licis, it kā tos, kas sen miruši.
Viņš mani aizmūrējis, ka es nevaru iziet,
Viņš mani licis grūtos pinekļos . . .
(Jeremijas raudu dziesmas 3, 5, 6, 7)

Viss ir tieši tā kā tu raudāji Jeremija
Es varu to apliecināt pat zem kaitētas dzelzs
Cilvēks ir tikai cilvēks
                Tikai cilvēks Jeremija
Tikai cilvēks

Vispirms viņam sāp nazis iedurts viņam pašam starp pleciem
Un tikai pēc tam tas nazis ko viņš iedūris otram
Cilvēks ir tikai cilvēks
                Tikai cilvēks Jeremija
Tikai cilvēks

Vispirms viņš jūk prātā no tumsas no mūra bedres
Un tikai pēc tam no tā ka viņš šajā bedrē nav viens
Viss ir tieši tā kā tu raudāji Jeremija

Jebšu tu domāji cilvēkam bijību iedzīt Jeremija?
Jebšu tu gribēji viņu ārstēt ar pestīšanu?
Cilvēks ir tikai cilvēks
                Tikai cilvēks Jeremija
Tikai cilvēks

Tuksnesis tieši tāds kā tu raudāji Jeremija
Un tu vari vienīgi saukt
                Un tu nevari nomirt
Jo tu esi tikai cilvēks
                Tikai cilvēks Jeremija
Tikai cilvēks

Commentary

*He hath builded against me, and
compassed me with gall and travail.
He hath set me in dark places, as they
that be dead of old.
He hath hedged me about, that I cannot
get out: he hath made my chain heavy.*
—The Lamentations of Jeremiah 3:5–7

Nothing has changed, Jeremiah,
I will swear to it at the point of a red-hot iron;
A man is only a man
        Only a man, Jeremiah,
Only a man

First he feels pain from the knife between his shoulder blades,
And only then from the knife with which he has stabbed another
A man is only a man
        Only a man, Jeremiah,
Only a man

In a dungeon first he goes mad from the darkness,
And only then from the knowledge he is one of a multitude
Nothing has changed, Jeremiah

Did you intend to teach man reverence?
Heal him through salvation?
A man is only a man
        Only a man, Jeremiah,
Only a man

Nothing has changed in the desert, Jeremiah,
You can only cry out
        Unable to die
For you are a man
        Only a man, Jeremiah,
Only a man

Es dzirdu

Klusums.
 Klusums.
  Klusums.
Aizbāž muti.
Balsstiesību liedz.
Un es dzirdu, kā melnās priedes
Pret dzeltenām debesīm kliedz.

Saknes dumpojas. Priedes grib lidot,
Pacelties spārnos melnos.
Un es dzirdu, kā, skumji čukstot,
Saule ierokas zilos pelnos.

Un es dzirdu, kā manas rokas—
Kreisā ar labo sarunājas.
Labā nezin, ko kreisā dara,
Kreisā pikti par laiskumu rājas.

Un es dzirdu, ko runā spuldze,
Un es dzirdu, ko papīrs melš,
Kādus skaistus un puķainus vārdus
Viņš kā dzērājs man sejā elš.

Klusums.
 Klusums.
  Klusums.
Kā neredzams karogs plīvo.
Un es dzirdu, kā pasaules serde
Šai stundā visspriegāk dzīvo.

I Hear

Silence.
      Silence.
            Silence.
Gagged.
Disenfranchised.
And I hear how the black pines
Shout against a yellow sky.

Roots revolt. Pines want to rise,
To fly on black wings.
And I hear how the sun, whispering sadly,
Burrows into blue ashes.

I hear how my left hand
And right hand talk.
The right doesn't know what the left is doing,
The left rails against sloth.

And I hear what the light bulb says,
And I hear the lies that paper tells,
The beautiful, flowery words
It breathes into my face like a drunkard.

Silence.
      Silence.
            Silence,
Blowing like an invisible flag.
And I hear at this hour how passionately
The earth's core lives.

"pār galvu kūko debesis"

pār galvu kūko debesis un raiti pogo saule
un ziedputekšņi vidžina un vējš bez skaņas planē
es nostāvējis pasaulē tik vienu priedes mūžu
bet ceļš kā čūska apžņaudzas un laukā rauj no zemes:
vienalga nebūs lietaskoks no tava āra prāta
nāc labāk līdzi padancot pār trejdeviņām valstīm
pa viensētām un pilsētām pa apaļiem un tieviem
ar piķiem sveķiem čiekuriem ar vāverēm un dzeņiem
lai tavās cisās ciesa zeļ lai skudras karu perē
bet mēs ar tevi dancosim līdz pašai saules malai
tai pasacīsim labdienas un aizaugsim pie zvaigznēm
tur mūsu dzeņi zeltu kals tur šķindēs zili kausi
un nebūs jāstāv klajumā vēl otru kroplu mūžu

"the sky cuckoos"

the sky cuckoos, the sun outsings the nightingale,
pollen chatters, and wind soundlessly glides—
I have stood on the earth only as long as a pine,
but the road, like a snake, coils around me and pulls
me out of the ground: you, an outsider, will be worthless
as lumber, you might as well come dance with me—
over thrice-nine lands, through farmyards and towns,
through thick and thin, with pine cones, pitch, and resin,
with woodpeckers and squirrels; let witchgrass
sprout from your pallet, let war be hatched by ants,
you and I will dance to the rim of the sun,
wish it good-day, and rise to the stars: our woodpeckers
will hammer gold, and blue goblets will ring,
and you won't have to stand on an open plain
another crippled lifetime

II

No slimnīcas zonas

Ievade

noplok paceltās balsis iztek cauri pirkstiem cilvēks paliek pusbalsī
un uz pirkstgaliem balti bērzi baltās cepurēs lēni līgojas turp un
atpakaļ atkal turp un balta zemeslode gausi griežas klusi čirkstinot
savas asis un balti zvirbuļi drupatas meklē un nevar atrast un
paliek pāri tikai pazemīgas un baltas runas par slimībām rūpēm
un sirdēstiem un baltas sejas raugās baltos griestos un baltas rokas
mazgājas rītos un baltas rokas vakaros lēniem lēniem un gariem
viļņiem gariem kā hlorā izbalinātām dienām ceļo cilvēks ietinies
baltā palagā un pusbalsī un uz pirkstgaliem cilvēks ceļo uz saviem
steriliem ziemassvētkiem uz iekšpusi un uz ārpusi skaties uz ziemeli
balts skaties uz dienvidu balts sauc trīsreiz balts sauc divpadsmit balts
bet tu vairs nesauksi trīsreiz nesauksi divpadsmit jo esi balti rāms
un ritmiski pazemīgs un tikai klusēt klusēt un lai ap tevi nāk sniegs
lai krāsnī klusi šalc ogles un lai tālos mežos šalc egles un zemeslode
čirkstina savas asis un lai ir bērzi balti balti visu gadu no rītiem līdz
vakariem un lai miers virs zemes plašs balts un nesteidzīgs miers un
lai ir drupatas baltiem zvirbuļiem un pelēkiem zvirbuļiem un lai
cilvēkiem ir labs prāts līgans un ritmisks prāts balts un pazemīgs
prāts pret sevi kā arī pret citu bez slimībām rūpēm un sirdēstiem
šodien rīt un mūžīgi mūžam

un gala nav

from *From the Hospital Zone*

Induction

the raised voices diminish, flow through your fingers, you are left hushed and on tiptoe: white-capped birches sway forward and back and forward again, a white earth sluggishly turns on its axis creaking quietly, white sparrows keep looking for crumbs in vain— for all that remains is talk, white and humble, of illness, cares, and heartache; white faces gaze up at white ceilings, white hands wash themselves morning and night, and wound in a white sheet you journey inward and outward, hushed and on tiptoe, you journey in long, long slow waves, long as days bleached in chlorine, toward your sterile Christmas: you look north—whiteness, you look south— whiteness, you call out three times, twelve times—whiteness, but you will call out no more, neither three times nor twelve, for you are whitely tranquil and rhythmically humble, wanting silence, silence, snow falling about you; may coals softly hiss in the stove, may spruces in distant forests rustle, may the earth creak on its axis and birches be white, white all year from morning to night, and may there be peace on earth: a vast white unhurried peace, and crumbs for sparrows white or gray, and goodwill among all—lilting and rhythmic, humble and white goodwill toward yourself and to others, without illness, cares, or heartache today, tomorrow, forever and ever

for there is no end

III

kož laukā sals pēc suņa
un iekšā sit sirds pēc dzeņa
un atmiņa smaržo smaržo
ne tik daudz pēc svecītes smaržo smaržo
tuvo austrumu klejuguņa
be pēc pīrāgiem bet pēc kažokiem
siena birām un miltūdeņa

man ir zemnieka nāss
un to man nedz izraus nedz izpurinās

un kaut kur šais naktīs
zeme rosās uz otru sānu
es sēžu domāju sēžu
ar slimnīcas halātu plānu
salts un balts balts un salts
un doma nenāk
tikai atmiņa smaržo smaržo smaržo un smaržo
kā senāk

dilbi kā lilijas
trausli no piedurknēm dīgst
lieli izkalst kā grīšļi
zvārojas netur un nīkst

tievums smalkums un bažīgums perinās

bet man ir zemnieka nāss

un gala nav

III

outside, the cold bites like a dog,
within, my heart beats like a woodpecker pecking,
and memory is fragrant, fragrant:
not so much from candles burning
to a wandering light out of the East
but from pirogi and shearling coats,
from hay, from fodder in the stable

I have a peasant's nose,
and no one can pluck it off or shake it loose

these are the nights when somewhere the earth
rolls over onto its other side;
I sit and I sit and ponder
in a thin hospital gown—
cold and whiteness, cold and whiteness,
thought eludes me
but as of old, memory
is fragrant, fragrant, fragrant

my forearms sprout from my sleeves
like delicate lilies,
my shins, dry as sedge,
falter and languish

gauntness, frailness, fear prepare to nest

but I have a peasant's nose

for there is no end

V .

laiks iemāca

es tagad jūtu zemes griešanos
es jūtu zemes matu griešanos
un sprogas šīs uz manām acīm krīt
no ziemsvētkiem līdz jāņiem
un tad kad pārstāj kūkot dzeguze
es jūtu zemes zobu griešanos
un zobi šie uz manu sirdi krīt
es jūtu zemes zobu gremšanos
es jūtu zemes zobu graušanos
no jāņiem līdz pat ziemsvētkiem
kad debesis sāk aizdomīgi balot
laiks iemāca
ka zeme vēl ir slima

un tikai kāda iepriekšnojauta
kā akas rats ar aizsaldētu balsi
ar aukstām dzīslām
bet strādā
laiks iemāca
un jauta pretī griež
un zemes izmisumu zemē sviež
un zemes pieglaudību norok sniegā vēsā

es esmu es
bet zeme mani savā lokā nēsā
laiks iemāca

un gala nav

V

time teaches you

I now feel the earth turning,
I feel its hair swirling
and wisps of it falling across my eyes
from Christmas to Midsummer Night—
and when the cuckoo no longer calls
I feel the earth gritting its teeth,
and these teeth fall across my heart;
I feel the earth gnashing
its teeth, I feel it gnawing
from Midsummer Night to Christmas,
and when the sky suspiciously pales
time teaches you
the earth is still unwell

but a presentiment persists,
like a well's waterwheel with frozen voice
and icy veins
that keeps on working;
time teaches you,
and a counterforce throws
earth's despair to the ground
and buries its submissiveness in snow

I am I,
yet the earth bears me in its arc:
time teaches you

for there is no end

VI

ir tādas dienas kad saule nevar
un pelnaina gaisma pie rīta stāv
un dzīslaina debess elpojot lēni
gulstas uz eglēm

ir tādas dienas kad dvēsele nosalusi
vēcina spārnus pa debesu sfērām
un tev viņas nav
un tu viņu jūti
kā nogrieztā roka jūt piecus pirkstus
visus pa vienam

ir tādas dienas un tā tu dzīvo
un tu esi vidū cietoksnī baltā
un atslēgas pazaudētas vai iekastas sniegā
līdz pavasarim

tu nevari
saule nevar
šodien nevar neviens
no vistālākām sfēru sfērām

saule raugās uz dvēseli dvēsele raugās uz egli
es raugos uz sevi
visi saka viens otram vecīt viss būs uz goda
bet nevar

un gala nav

VI

there are days when the sun is helpless:
ashen light clings to morning
and breathing slow, a venous sky
lies down across the spruces

there are days when a soul is cold
and beats its wings among the celestial spheres;
the soul is no longer yours
but you feel it
as a hand feels its five severed fingers
one by one

there are days like that, you live them
in a white fortress,
the keys lost or buried in snow
until spring

you are helpless
so is the sun
so is everyone this day,
even from the farthest celestial spheres

the sun looks to the soul, the soul looks to the spruces
I look at myself
everyone says to each other, pal, it's going to be okay
but all are helpless

for there is no end

VII

patīgs savpusīgs pretīgs
nemierīgs īdzīgs un nicīgs
nedrošs kā pulvermuca
viltīgs un neuzticīgs

pulkstenis klibo uz leju
sekundes pil kā alva
tukšums klusums un rokas
rokās bezmāju galva

tas ir vakars un aizvakars
gluži kā rīts un parīts
darīts darbs nedod miega
un vēl vairāk nepadarīts

un cilvēks galvu kā krāsni
naktī urķē un kruķē
pulkstenis klibo un logā
uzrāpo leduspuķe

pusgaisma acīs plīvo
cilvēks nezin
kam viņš dzīvo un vai viņš dzīvo

un gala nav

VII

selfish self-serving insufferable
restless peevish and scornful
unpredictable as a powder keg
disloyal and sly

the clock hobbles downward
seconds drip like molten tin
emptiness silence and hands
holding a homeless head

yesterday and the day before
return today and tomorrow
the work you have finished keeps you awake
the work remaining, even more

at night a man pokes and prods
his brain like coals in a stove
the clock hobbles, an ice flower
inches up the windowpane

half-light flutters before his eyes
he does not know
why or if he is living

for there is no end

IX

ja cilvēks uz pirkstiem var saskaitīt dienas
kad vējā viņš zudīs un juks
pēc piecām pēc četrām pēc divām pēc vienas
līdz ceļiem caur sniegu viņš bruks
un dvašos un dziedās un aizslāps un kāsēs
un raudās kā bērnelis sīks
pa skropstām lai saledo pārciestās lāsēs
tam dzīvotprieks bezgalīgs
ja saskaitīt pēdējās dienas aiz logiem
un pēdējo mikstūru dzert
tad neaprakt vairs zem simt audzēju slogiem
un infarktam nenospert
un cilvēks jau dzīvo uz nākamo rītu
aug smaids tur kur klaiņoja smīns
darbs kuru būs jāatsākt puspadarītu
it stiprākais vitamīns
un attīrās asins un iesmeldzas roka
jau tajā ir atvēziens cits
un vājnieks kā vaba no vītolukoka
uz smilti un ūdeni tic
pēc piecām pēc četrām pēc divām pēc vienas

un gala nav

IX

if a man can count on his fingers the days
before he goes mad in the wind and is lost,
five or four or two or one,
he'll break through snow up to his knees,
gasp and sing and thirst and cough
and cry like a child,
his unending love of life frozen
like the tears on his lashes;
if he can count the last days past the window
and drink the last potion,
a hundred tumors cannot bury him,
nor an infarct strike him down;
already he lives for morning,
a smile grows where flickered a smirk,
and the work abandoned, half-finished,
becomes the headiest vitamin:
the blood clears, his arm feels the pang
of unaccustomed momentum,
and like a dowser with a willow divining rod,
the invalid trusts in water and sand
after five or four or two or one

for there is no end

Izvade

un atkal paceļas balsis no pusdzīva baltuma dzīvā baltumā no
pirkstgaliem pilnā pēdā sniegi cilājas un auss dzird zemes asis
čirkstam jo zeme brauc taisnā gaitā uz pavasari un bērzi šūpojas
līdzi līgojas bērzi rotājas priekšlaiku nometuši baltās cepures pret
priekšlaiku iespulgojušām debesīm saule jau izvēlusies no vāju
gultas viss ir priekšlaiku viss ir laikā no pašiem rītiem līdz pašiem
vakariem un tev tava dvēsele atgriežas nesaukta un tu cilvēk esi
ar sevi un tu esi ar citiem un savādāk krāsnī šalc ogles un mežā
egles no jauna no paša sākuma viss ir priekšlaiku viss ir laikā un
maizei ir jauna garša un nomods par miegu saldāks un paliek
iepakaļ purvainā ielejā kaukšanas un zobu trīcēšanas baltās palātas
balti kuģi bez navigācijas un lai ir nemierīgs miers virs zemes un
cilvēkiem labs un spītīgs prāts lai viņi izķepurojas izrāpo izklibo
no baltās vaņģības ātrāk laukā un priekšlaiku ceļo turp kur viņus
gaida un negaida un lai iebrauc pa baltiem vārtiem citi kam priekšā
stāv pārbaudīšana bet lai nomaļus kambaris paliek tukšs tāda ir
mana novēlēšana tūkstoš deviņi simti sešdesmit devītā gadā tad
būs septiņdesmitais un vēl un vēl bet kas novēlēts tas lai paliek jo
cilvēks ir cilvēks un viņam uz pieres uzrakstīts
izķepuroties

un gala nav

Envoi

and again voices rise, a whiteness only half alive becomes a whiteness alive, tiptoe changes to footstep, snows begin to lift, and you can hear the earth's axis creaking: the earth is riding straight into spring, birches swaying, playing, flipping white caps against a sky already radiant, for the sun has rolled out of its sickbed and all is early, all is on time from morning to night—your soul returns without being called, and you are again with yourself and with others; coals in the stove hiss differently, in the forest spruces grow anew, all is early, all is on time, the taste of bread is fresh and consciousness sweeter than sleep: you have left behind, in a valley of swamps, wails and chattering teeth, white wards, white rudderless ships; may peace on earth grow rebellious, may goodwill be willful, so a man can crawl, limp, struggle out of the white imprisonment sooner and journey ahead of time to where he is and is not awaited; let the white gates receive those to be tested but the small charnel in the distance stay empty—that is my wish in the year nineteen hundred sixty-nine, and though seventy and more, more will follow, the wish will remain, for a man is a man and on his brow is written *struggle through*

for there is no end

III

Klauvē

Saulei trīc nāsis
ne vairs žogu ne vārtu
sauja baložu uzkaisās debesīs
bērzi nostiepti tā ka plīst tāsis
un viznis šķīst upes asinīs
zāle gaida savu kārtu
un tālos kublos rūgst vēji
rūgst rīta vēji un vakara vēji
un zemes miesās brīdi pa brīdim
klauvē tā sēkla
ko sniegā sēji

uz siltzemju tecilām
vālodzes mēles trin
un vīkšas uz mūsu pusi
pieturi elpu
            (sēkla klauvē)
visu ziemu
            (sēkla klauvē)
nav bijis tik klusi
tik dziļi nav bijis
            (sēkla klauvē)
nav bijis tik īsi
            (sēkla klauvē)
un piedzims maize
uzreiz
ka tu pat to nemanīsi

The Seed Is Knocking

The sun's nostrils tremble
gates and fences have disappeared
a handful of pigeons spurts up into the sky,
birch bark is stretched so taut
it bursts, and ice floes melt in the river's blood
grass is waiting its turn
in distant kegs winds are brewing,
eastern winds and western winds,
and from time to time you hear in earth's flesh
the seed you sowed in snow
knocking

on tropical whetstones
orioles whet their tongues
and prepare to return
hold your breath
                    (the seed is knocking)
all winter
                    (the seed is knocking)
it has never been so quiet
it has never been so deep
                    (the seed is knocking)
it has never been so quick
                    (the seed is knocking)
and bread will be born
so suddenly
you won't even notice

Vasaras sākumā

Zaļš rīts un dzeltena diena un sarkans novakars
Un kapina brucina izkaptis nemierīgs čurkstu bars
Un saule gar debesu spraisli trin savu muguru dūko
Un bārdaini mākoņu vīri sev mākoņu līgavas lūko
Un vējš uz diendusu noliekas zilajos eglaines robos
Un smaržīga siltzemju pīpe kūp viņam smejošos zobos
Un cilvēks pa savu sirdi kā pirmssvētku pļavu bradā
Viņš labāko domu no domām kā bērnu pie rokas vadā

At the Beginning of Summer

Green mornings and yellow days and red evenings:
And a flock of restless martins whets the scythes
And the sun hones its dun back against the heavens' dome
And bearded clouds court their cloud brides
And at noon, in blue clefts among the spruces, wind
Dozes, a fragrant tropical pipe between its laughing teeth,
And a man goes strolling through his heart, as if through a meadow
On a holiday eve, holding his best thought by the hand like a child

"nesaki neviena vārda"

nesaki neviena vārda
es tos sadzirdēšu
un zem sava nama loga
zaļā maurā sēšu

lai tur suns guļ dienas vidu
cielaviņa bradā
lai tur cita māte bērnu
staigāt mācot vadā

"don't say a word"

don't say a word
I will hear you
and beneath my window
I will sow your words
in green grass

among them
may a dog nap at noon
a wagtail wander
a mother teach her child
to walk

Uzrakstīts augustā

. . . Kad bezdelīgas ir nobriedušas,
Kad zvaigznes ir nogatavojušās.
Un tas ir augustā.

Un cilvēkam palēnām
Deniņi izkalst balti.

Papīra lapa sāk dzestri blāzmot,
Un katram vārdam ir zemes garša.

Tā top augusts.

Written in August

. . . When swallows are grown,
When stars have ripened.
And that is in August.

And the hair at your temples is slowly
Bleached white.

Across a sheet of paper a cool light,
And every word has the taste of earth.

August unfolds.

Zem pēdējās augusta ziemeļzvaigznes

pirmais
un ja kaut kur taisnība ir
tā ir augustā

pusmūža koks klusi nopūzdamies
lapa noklīdusi no sava bara
un it nekas un nevienam nav jāprasa

zāle zīlē
vai rasa vai salna
tālu tālu suņi
un zvaigznes

visa papilnam
mutē ierāpjas dzestrums
rokas sakrustojas uz krūtīm
un debess

ardievu!
klusu! vai tu nejūti ka nav vēja?
palieciet sveikas! čukstus
ardievu! kustinot lūpas ardievu
asaras zilās!

otrais
un ja kaut kur taisnība ir
tā ir augustā

bezdelīgas noskraidījušās
baloži jūs jau paēduši?
no zemes bībeles
ceļas
balts dūmu stabs

Beneath the Polestar in August

first
and if somewhere truth exists,
it exists in August

a tree in midlife quietly sighing
a leaf that has strayed from its crowd
and there is nothing you need
from anyone

the grass tries to guess:
frost, or morning dew
dogs far, far away
and the stars

plenitude
into your mouth slips coolness
your hands fold across your chest
and the sky

farewell!
hush! can't you tell there's no wind?
a whispered farewell, a mute parting—
blue tears

second
and if somewhere truth exists,
it exists in August

weary, the swallows stop darting about;
pigeons—have you eaten your fill?
out of the earth's bible
rises
a white pillar of smoke

pusmūža cilvēks zem pusmūža bērza
domādams
viņa ausī sauc pravietis
sēklas pravietis augļa aicinātājs

vārnas noskaidrojušās
kaut kur
knābji zem tērauda spārniem
vēli nosirmojusi pienene
tumsā

kas parādās pāriet un nost?
vējš varbūt
sēklas pravietis augļa aicinātājs

auss
plok
pie stumbra

trešais
un ja kaut kur taisnība ir
tā ir augustā

brāli
riti pa savām upēm
zāle saka mēs jau pirms ceļa
un kur tu biji tik ilgi
brāli?
bērzs saka mēs vēl atnāksim brāli
pienene
es vairs neatnākšu
un debess

brāli brāli

tavas upes ir mūsu upes

a man in midlife
pensive
beneath a birch in midlife:
at his ear a prophet,
the seed prophet calling
be fruitful

beaks tucked under steel wings,
the crows are tranquil;
in darkness, a graying late
dandelion

what arrives, passes, disappears?
maybe wind
maybe the seed prophet,
calling be fruitful

the ear
pressed against
a tree

third
and if somewhere truth exists,
it exists in August

brother,
let your rivers carry you
the grass says, we're on our way
brother, where were you so long?
the birch says, brother, we will return
the dandelion,
not I
and the sky

brother, brother

our rivers are the same

tālu tālu
suņi
un zvaigznes

ceturtais
un ja kaut kur taisniba ir
tā ir augustā

vēl balta un salta
izmetas rasa rūgta asa un arī pēc taisnības prasa

suņi
tālajās būdās
saritinājušies
un rasas taisnība saderinās ar zvaigzni

tur kur sēdēja cilvēks
tagad ir divi bērzi

divi pusaugu bērzi
ar zvaigznēm pierēs

ardievu! bez skaņas sveiki! ar roku laimīgi! laimīgi! lai jums!
pēdējās asaras zilās!

piektais
un ja kaut kur taisnība

sestais
un ja kaut kur augusts
tad taisnībā
laimīgu ceļu!
uz ziemeļiem tikai
uz ziemeļiem tikai uz
ziemeļiem tikai
uz debess

dogs
far, far away
and the stars

fourth
and if somewhere truth exists,
it exists in August

pale, cold, and bitter,
the dew demands a truth of its own

dogs curled up
in faraway kennels
the dew and its truth, betrothed to a star

two birches,
where once sat a man

two young birches,
on their foreheads stars

farewell! a soundless farewell, a hand waving
good luck, good luck!
the last
blue tears

fifth
and if somewhere truth exists—

sixth
and if somewhere August exists,
it exists in truth—
Godspeed!
north,
only north, only
north, only toward
the sky

Kāpnes

klusāk
vēl vienu loku
klusāk elpo rāmi
vēl klusāk
vēl un vēl
līdz tu ieraudzīsi
pats savu sveci
vēl klusāk
vēl tu elpo par karstu
vēl vēl
un tā būs tavējā liesma
bez zemes un debesīm
vēl par ātru
vēl tevī nav aizmigusi svešu ūdeņu zivs
klusāk un vēlreiz
un tā būs tavējā valoda
pirmvārds
aizvārds
un
klusāk
vēl vienu loku
un tas būs tavs ētera viļņojums
un vēl
tavas dvēseles atēna
klusāk
pāri gaismai un dvēselei
vēl trejus lokus
un tu redzēsi
domu
vai tu vari pievaldīt elpu?
ceļš tik tikko ir sācies

Stairs

more quietly
one more spiral
more quietly, breathe calmly
more quietly still
still
until you catch sight of
your candle
more quietly
you're breathing too hard
still
it will be your flame
with no earth or sky
too fast
the fish from foreign waters is still awake in you
more quietly, and again
it will be your language
preword
postword
and
more quietly
one more spiral
it will be your ether, shimmering
and again
your soul's reflection
more quietly
beyond light and soul
three more spirals
and you will catch sight of
thought
can't you rein in your breath?
the journey has just begun

"akmen vai tu spēj padzīt no sevis ceļinieku?"

akmen vai tu spēj padzīt no sevis ceļinieku?
spēju
tikai tad man ir jāiet tam līdzi

•

tu mani paņem un es esmu salauzta upe
mana mēle vēl nav atkususi rokas pilnas ar
drazām bet dvēsele pieder tev kā putns pieder
pavasarim
es nekaroju es nevaldu es tikai kalpoju tavu
krāsu nesot tavu domu domājot
kas salauzts tam jāplūst kas sacījis nāve
tam jāteic pēcnāve
es jau eju zem smilts un zem klints un manās
acīs skaidrojas avoti

•

šodien nevajag gaismas un nedod to man arī rītu
no paša vidus aug uguns nenotverams un nepamodies
un aug uz tevi un nepamostas

•

zvaigznes iekārtojušās migās un aicina mūs
uz nogurumu
mēs klusēdami saucam viens otru un aicinām zvaigznes

•

ņem maizi kas rokā un izpeldēsi caur izmisumu
ņem roku kas sirdī un pārklibosi pār neticību
ņem sirdi kas dvēselē ņem dvēseli dvēselē
bet mēs klūpam visi pie sīka zvirgzda
un tā ir netaisnība

"stone, can you thrust aside a wayfarer?"

stone, can you thrust aside a wayfarer?
I can
but then I have to follow him

•

you gather me up: I am a broken river,
my tongue has not yet thawed, my hands are full of
debris, but my soul belongs to you as a bird belongs
to spring
I'm not a soldier, not a ruler, I serve bearing your
colors, thinking your thoughts
what is broken must flow, whoever says *death*
must also say *after death*
I'm on my way already—under sand, and below cliff, clear spring water
in my eyes

•

today I need no light, and don't give me any tomorrow
fire grows out of the center, uncatchable, unawake
it grows toward you, it doesn't wake

•

the stars have settled into their lairs,
and invite us to rest
we call to each other softly, and invite the stars

•

carry with you the bread in your hand
                    and you'll be able to swim through despair
carry with you the hand in your heart
                    and you'll make it through nonbelief
carry with you the heart in your soul, the soul in your soul,
yet we are tripped by a pebble,
and that is injustice

•

klijān man neizdibināms tavs miers un augstums
no tā sāp acis vīst sirds un rokas kļūst
skaudīgas es esmu vidū cilvēk un tu esi malā

•

kā palīdzēt lietum ja mani pirksti ir lietus
slapji?

•

vai roka vainīga ka iztek smilts
vai smilts ir vainīga?

•

your height and calmness, hawk, bewilder me:
my eyes sting, my heart tires, and my hands
grow envious—you are in the center, we are at the edge

•

how can I help the rain if my hands are wet
from rain?

•

are the fingers to blame if sand runs through them?
is the sand to blame?

To es saprotu

brīdis rūgta rudeņa klusuma
sirds vai tu jau tik rāma?
vai pa tevi jau var bradāt un kliegt
kā pa ļāvīgu kūlu?
vai tu jau vairs neturies savos zaros
kā ta lapa virs galvas?
vai tu jau tikai par siltām zemēm
kā tie putni kuru vairs neredz?

nemaz nav jautri nepavisam
palikt
      aci pret aci
              ar sevi

brīdis rūgta rudeņa klusuma
un ne pušplēsta miera
acs pret aci
sauc zobu pret zobu
to es saprotu
un tur vairāk nav ko jautāt

I Understand

a moment of bitter autumn silence:
heart, are you already so still?
can someone tramp through you and shout
as though you were sere, yielding grass?
do you cling to a branch
like that leaf overhead, already wander
in warmer lands, like those birds no longer seen?

there is no gaiety, none at all
in remaining
              eye to eye
                      with yourself

a moment of bitter autumn silence
not a split second of peace
eye to eye
then tooth against tooth—
I understand
and there is nothing more to ask

Ziemas vakars

Ar savām kājām pa apvārsni
sarkans jātnieks klīst
viņš acīm redzami noveco
viņš ātrāk par ziedu vīst

Ai!
Ar cilvēkiem runāt viņš neprot
Ai!
Zirgs viņu nepazīst

Ai!
Sirdis
kas jātnieku redzējušas
palēnām palēnām plīst

Winter Evening

Along the horizon roams
a red horseman on foot
he ages before your eyes
he withers faster than a flower

O!
He has forgotten how to talk to another
O!
His horse no longer knows him

O!
Hearts
that have seen the horseman
slowly, slowly break

Pielabināšanās dziesma ziemai

Nemērc mani
Rudenī, rudenī.
Ietin mani, ietin mani
Putenī, putenī.

Nenomoci, nenomaitā,
Nepūdē, nepūdē,
Vieglām rokām mani
Nosaldē.

Saldē saltā, saldē baltā
Lāstekā, lāstekā.
Ļauj man aizmigt baltā miegā,
Pasakā.

Un lai tik uz mazu brīdi, mazu brīdi
Piemirstas,
Ka pirms pavasara agri
Jāceļas, jāceļas.

Ietin mani, ietin mani
Putenī, putenī . . .

Song: Cajoling Winter

Do not leave me drenched
In autumn rain, in rain—
Enfold me, enfold me in a blizzard,
In a blizzard.

Do not torment, don't destroy me;
Do not leave me to decay.
In your light arms,
Let me freeze.

Let me rest within a cold, white
Icicle, an icicle—
Let me sleep a white sleep
Inside a fairy tale.

So that for a short moment
I'll forget
That I must rise early, early,
Before the coming of spring.

Enfold me, enfold me in a blizzard,
In a blizzard . . .

Pārsliņa sīkā balstiņā

Es tūlīt izkusīšu!
Papriecājies par mani!

Par mākslas darbu,
par augli,
par rezultātu.

Bet, ja tu neredzēsi
manās sešās šķautnītēs ieslīpēto
ciklonu un anticiklonu traģēdiju,
visu balto un melno pasauli,
ja būšu tev tikai patikusi,
es cietīšu klusi,

es būšu par velti atnākusi,
es būšu par velti izkususi.

The Voice of a Snowflake

In a moment I'll melt—
Enjoy me!

Enjoy me as a work of art,
as fruition,
as a final result.

But if you don't see
in my small six-pointed shape
the tragedy of cyclones and anticyclones,
the whiteness and blackness of the entire world,
if you only delight in me,
I will silently suffer:

I will have arrived in vain,
I will have melted in vain.

IV

Par kādu leksikas slāni

tie ir savādi vārdi
aplāpīti un pelēki klaušinieki
kuri domā domā domā
savu zemnieka domu
un neizdomājuši aizmieg
svētdien sprediķa vidū

nostrādinātie pusbada vārdi
vergu viltības un cerības vārdi
kuri snauž kaut kur vidū
starp kaukšanu un zobu trīcēšanu
mūžīgās tumsas vārdi

bet viņi nāk
viņi nāk šodien
un rīt viņi savairosies
un parīt viņi piepildīs zemi

un parīt viņi piepildīs zemi

A Lexicon

they are strange words
they are gray serfs in patched clothing
who think and think and think
their peasant thoughts
and giving up, fall asleep
in the middle of the Sunday sermon

they are overworked and starving words,
slavish words of guile and hope
that doze somewhere between
a howl and chattering teeth,
words of eternal darkness

but they are approaching
they are approaching today
and tomorrow they will multiply
and the day after, populate the earth

Lanterna magica

Redzi:

tie ir normaņi
nežēlīgi dzeltenām bārdām
pametuši krastmalā kara laivas
stumjas iekšā reaktīvajā lainerī
baiļu pilni kā bērni

un tas tur
ir asīzes francisks
kurš baro savas dūjas un zvirbuļus
ar tonizējušiem koncentrātiem

tie kas gaudo
ir sociologi un ģenētiķi
viņi klanās liesmojošam
zibens saspertam kokam

pašā augšā
neviena nesaistīts prometejs
ik dienas izdomā jaunas aknas
un jaunu ērgli

un pašā apakšā
sizifs
stingra režīma piespiedu darbos

viss vienā laikā

Lanterna Magica

Look:

those are Normans,
their beards a merciless yellow;
warships abandoned on the strand,
they crowd aboard a jet frightened
as children

the fellow over there
is Francis of Assisi,
feeding his doves and sparrows
fortified birdseed

the people wailing are
geneticists and sociologists
making obeisance to a blazing tree
struck by lightning

at the top,
Prometheus unbound
invents each day a different liver,
a different eagle

at the bottom
Sisyphus:
sentenced by a harsh regime
to forced labor

all of them, synchronous

Vēl trīsreiz uzlēks saule

mans septīts gads jau drīz pie beigām kungs
būs līgums jānobeidz un jāroš kāzas
no dienas dienā galvu nepacēlis
es kalu tēsu ganīju un slaucu
uz kumbra akmens bluķus nēsāju
bet sirdī Rahēli no dienas dienā
kā līgums licis galvu nepacēlu
lai viņas melnās acīs paskatītos
un tikai dienvidū zem ozoliem
kad apkārt gaisi vērpeļo un vārās
caur plakstiem pievērtiem man nāca rīts
tas miglains rīts un ceļamalā aka
un smuidra ciprese ar krūzi plecā
tā ciprese kam vārdā Rahēle
un krūze pati noslīga līdz zemei
un aizmirsās un neprasīja ūdens
un tā mēs stāvējām un nerunājām
tas miglains rīts un smagi dvesa sirds
kā mežabriedis kritis lamatās
ai Rahēle mans acuraugs mans jūgs
mans nams un ūdenstrauks mans zelta zirnis
tu mani neatstāj tu ej pa maniem sapņiem
kā valdniece kā saimniece kā sieva
tas miglains rīts tas ceļamalas rīts
man liekas tas bij šorīt lūk nupat
jo sirdī sāpe vēl pavisam svaiga
mans septīts gads jau drīz pie beigām kungs
un redzi pats es eju nekurnēdams
es eju dziedādams un darbs no rokas
tek dziedādams kā putna lidojums
jo man ir debesis ar divām saulēm
ar divām lielām kraukļamelnām saulēm
ai Rahēle vēl trīsreiz uzlēks saule
un tad es tevi paņemšu pie rokas

The Sun Will Rise Again Three Times

my seventh year, my lord, is almost over:
the contract up, I shall look to my wedding—
day after day, with downcast eyes, I was your
blacksmith, lumberjack, shepherd, milker,
on my back I carried stone blocks, but Rachel
in my heart; day after day I honored the contract,
I never looked up to meet her raven-black eyes,
and only at midday under the oaks
when the heavens roiled in the heat,
behind closed eyelids I saw that morning,
that misty morning at the wayside well
where I first saw the slender cypress
Rachel—on her shoulder a pitcher
that slid to the ground by itself, forgotten
and needing no water; we stood and did not speak,
yet my heart beat like a stag's in a snare—
O Rachel, apple of my eye, my yoke,
home and water vessel, my precious pearl,
you walk through my dreams
as ruler, mistress of my house, wife,
but that misty wayside morning seems like today,
for the heartache is fresh;
my seventh year, my lord, is almost over:
you see yourself I don't complain, I sing,
and work flows from my hand like birdsong in air,
for I have a sky with two suns,
two raven-black suns;
O Rachel, the sun will rise again three times
and then I'll take you by the hand

un savam tēvam vaigā rādīšu
lai viņš mūs svētī un uzliek delnu
mums un tiem simtiem smuidro paaudžu
kas nāks iz tava klēpja Rahēle
ai Rahēle vēl tikai trīsreiz saule
un tad!

kad dila diena nolīgtā
kungs Jēkabam par sievu deva Leju
un vēlreiz septiņus un vēlreiz vergot
par Rahēli

to bring you to my father, so he may bless us,
and bless the hundreds of slender generations
that will issue from your womb—
O Rachel, only three more suns
and then!

as the promised day was waning,
Jacob's master gave him Leah,
and seven more years
to slave for the hand of Rachel

Tā pasaules godība

Ķēniņ
apsēdies šeit
atstāj ārpusē savu svītu
un pagaidi kamēr tev apvelk
uz valganās zemes
apli ar sarkanu krītu

Ārpusē
laupa un bļaustās
tava tūkstošgalvainā karadraudze
sēdi ķēniņ
audzē bārdu līdz zemei
audzē

Sēdi ķēniņ
sēdi
zīlē nākotni pats savā delnā
visa tava valstība sarukusi
vienā tārpainā celmā
Slotas kāts vienā rokā
zirgābols otrā rokā
sēdi ķēniņ
sēdi zēniņ
lokā
lokā

Worldly Glory

Sit down, king,
sit down,
leave your entourage behind
and wait while on the damp ground
a chalk circle in red
is drawn around you

Outside it
your warriors, that thousand-headed band,
plunder and brawl—
sit down, king,
grow your beard to the ground
to the ground

Sit down, king,
sit down,
read your fortune in your palm:
your kingdom has shrunk
to a tree stump riddled by worms—
one hand holds a broomstick,
the other holds an orb
of dried horse's dung;
sit down, king,
sit down, boy,
inside the circle
inside the circle

Balsis

bezveida balsis
kā meitenes smējiens pār dzērveņu cini
kā lāpstas dūriens pret oļiem
kā duļļu žēlabas nosirmojušu daugavu miglā
kā alus spēriens pret rudeņa debesīm

un es pieaugu pilns ar balsīm
tās krīt krusti šķērsu
trūd un pinas pa kājām
paliek karājamies un sapinas
un neatrast ne dienu ne nakti
biezā pasaules balsī

Voices

formless voices,
like girls' laughter across a wild cranberry bog
like the bite of a spade into gravel
like oarlocks lamenting in mist on gray, aging rivers
like a kick of ale against the autumn sky

voices fill me and swell
crisscross and fall and decay
hobble my feet, hang
entangled
and I cannot find night or day
in the dense voice of the world

Sēsars Vaļjeho

Man liekas, ka es miršu ceturtdien.
Un mani nenosauks nekādā vārdā.
Vien slapji akmeņi. Pārs gludu skatu.
Man liekas, ka es miršu ceturtdien.

Tur—dzimtene, tur—bada izēsts karstums.
Man liekas, ka es miršu ceturtdien.
Man liekas, ka es miršu ceturtdien.
O, kraukļi, kraukļi, kraukļi, kraukļi, kraukļi!

Pa visu pasauli iet mazu zēnu bari,
Nes rupjos kreklos savu tēvu pelnus.
Man liekas, ka es miršu ceturtdien.

Ai, cerība, cik tava smarža vārga!
Man liekas, ka es miršu ceturtdien.
Un tieši ceturtdien . . .

César Vallejo

I feel I will die on a Thursday.
And I won't be known by any name.
Wet stones. A few smooth glances.
I feel I will die on a Thursday.

There—there is my native land, scorched,
Gnawed away by famine.
I feel I will die on a Thursday.
I feel I will die on a Thursday.
O ravens, ravens, ravens, ravens, ravens!

All across the world, bands of young boys
Carry under coarse shirts their fathers' ashes.
I feel I will die on a Thursday.

Ah, hope, your scent is so faint!
I feel I will die on a Thursday.
Precisely a Thursday . . .

"sen pāri pusnaktij"

sen pāri pusnaktij
                viens vienīgs laiks
kad varu sev uz rokām noraudzīties
cik tās ir tukšas veltīgas un muļķas
kā viņas dreb un atlaižas gar sāniem
un krāpj un mānās it kā mazi bērni
tad aizbēg tās aiz galvas padomāt
bet ilgi nevar
                paceļas un lido
un notrauš gaismu paliekot tai blāzmā
no tālas pilsētas no tālas ielas
jau nāk pret rītu
                acis sen jau guļ
bet rokas ne

"it's long past midnight"

it's long past midnight
                    the only time
I can look at my hands:
empty useless foolish
they tremble and hang at my sides
cheat and fib like children
then hide behind my head to reflect
but not for long—
                    they rise and fly up,
fling away the light and linger in the glow
of a distant city, a distant street;
it's almost dawn:
                    my eyes are fast asleep
but not my hands

Avetiks Isahakjans

Pa svešām kāpām skumjā karavānā
Iet burts aiz burta, brien aiz rindas rinda.
Čirkst smiltis zobos. Zvārgulīšu šķinda.
Sauc bērna balsī dzimtā Haiastāna.

Tāltālu Aragacs ar sniegiem māna.
Kūp miglā vīna dārzs un garo maize.
Pusdienas gājums vēl—tad beigta raize . . .
Bet saule riet. Un riet fatamorgāna.

Viscauri smiltis—Parīzē un Romā.
Deg oļi Drēzdenē. Un Bernē sausums.
Pat Venēcijai nāvinieces gausums.

Žņaudz pieri svešums sakaitētā cimdā.
Stāj brīdi karavāna. Ceļnieks domā.
Un atkal tālāk laužas kailā trimdā.

Avetik Isahakyan

Over foreign dunes a somber caravan
Of word after word, line after line.
Grains of sand between the teeth. A tinkling of bells.
And native Haiastan calls in the voice of a child.

An illusion of the snows of distant Aragats.
Mist lifting off vineyards, the rising scent of bread.
A half-day's journey left, then respite . . .
But the sun is setting. And the fata morgana fades.

Sand, sand everywhere—in Paris, and in Rome.
Stones on fire in Dresden. Drought in Bern.
Even Venice—faltering, like a prisoner sentenced to death.

Foreignness, in a red-hot glove, presses against the brow.
For a moment the caravan halts. The traveler reflects.
And again he pushes on, into naked exile.

Par palikšanu

E come augelli surti di riviera . . .

Un it kā putni, cēlušies no krasta . . .
(Dante)

man nav vairs nekā
tikai pusrieciens maizes un žagaru sauja
tāds ir mans stāsts un mana izdzīvošana
es neesmu putns
es esmu tā upes krauja
es esmu došana un aizlidošana

es iespoguļojos sevī
bet viss kas vērtīgs
ir sudrabam otrā pusē
tā sauja un pusrieciens ko izvilkt galus līdz rītam
to man dod tajos brīžos
kad roka uz dvēseles klusē
līdz aizsacītam un puspasacītam

un visa mana dzīve
tie ir tie trokšņu viesi
kas no nekurienes atmetas
no smaržīgām sfērām
un man nevajaga nekā
tik jūsu spārnus skatīt
patiesi
tik pēc uzlidojuma atmiņu
par upi
no kuras mēs kopā dzērām

92

About Remaining

As birds just risen from the water's edge
—Dante, *The Divine Comedy:*
Paradise, XVIII:73

all I have left
is a half loaf of bread and a handful of twigs,
that is my tale and my sustenance
I am not the bird,
I am the riverbank
I am the giving, and the flying away

I observe myself mirrored,
but everything of value
is on the silver's other side;
that handful and half loaf to last until morning
I am given in moments
when the hand on the soul remains silent
until the said and the half-said

and my whole life
is the visiting pieces of noise that alight
from fragrant spheres,
like guests out of nowhere

yet I need nothing
truly
only to gaze on your wings,
only, after the dive and ascent, memory
of the river
from which we drank together

Prātā jukušais un mutes harmonika

Kluss kaktiņš. Sakumpis vīriņš, kam mutē ir gabals skārda.
Nekā vairs nav cita zem tukšā un muļķīgā debesjuma.
Ak dievs, cik viņš ir priecīgs: viņš šķaida, viņš dragā, viņš ārda!
Un acis šaudās kā kaķim, kas ticis pie medījuma.

Kāds svešums, kāds negants un griezīgi neskanīgs loks!
Kluss kaktiņš. Sakumpis vīriņš savā metāla pasaulē ganās.
Viņš ir ģēnijs. Viņš ir tuksnesī vienīgais koks.
Un viņam nevajag atzīšanas.

A Demented Man with a Harmonica

A quiet corner. A small stooped man, a piece of tin at his mouth;
Nothing else is left beneath the empty, foolish firmament.
My God, how happy he is: ripping, blaring, blasting away!
His eyes dart like a cat's with its prey.

What alienation, what a fierce, piercingly discordant arc.
A quiet corner. A small stooped man, browsing in his own metallic
    pastures.
He is a genius. He is the only tree in a desert.
And he needs no acclaim.

"un kad tev acis piesviestas ar sniegu"

un kad tev acis piesviestas ar sniegu
un krūts ir pārpilna kā čella kārba
ar zemām urdošām un ilgām skaņām
un kad tev kājas sasien zempūte
ar gordija un visiem jūras mezgliem
un kad tev rokas kļūst par daktilu
par mūžīgo un neveicamo ritmu
un kad tu esi viena balta strāva
no kaut kurienes uz neviens to nezin
un kad tu visu pirmdzimtību pārdod
par vienu sauju sniega viruma
un kad jūs divatā tik nakts un tu
un kad ir sniegs un tikai sniegs
viss sniegs pilns sniegs un tikai sniegs

"and when snow is thrown into your eyes"

and when snow is thrown into your eyes
and your breast overflows like a cello
with low, pleading, lingering sound
and when gusts hobble your feet
with a Gordian and each nautical knot
and when your hands keep repeating a dactyl,
that eternal invincible beat,
and when you are a white-hot current
from somewhere to no one knows where,
and when you sell your birthright
for a pottage of snow cupped in the hand
and when you're accompanied only by night
and all is snow, only snow,
when all is boundless, encompassing snow

Pie septītajiem vārtiem

es atstāju dievu malā
dievavārda man vajag
kas iz vienkāršas mutes
septītā aizsaulē sērš
to ataicināt uz mājām
ielikt kā zaļu mirti
tai dienišķā rokā ko cilvēks
uz savu tuvāku vērš

kāda pasaku sarma šodien!
cik skaidri zīlīte vēstī!
kāds naivi un pirmēji gaišzils
pacēlies debesjums!
maizi to kaut kā nopelnīs
cik tad mugurai prasās drānu?
bet vārda
              mūžīgā ziemā
ir aptrūcies visiem mums

priekš laika pēc laika pār laiku
varbūt es āvies uz ceļu
sprāgst runas elš druka un lodes
pa asiņu takām iet
es salieku plaukstas taurē
sešas aizsaules izmeklētas
bet septītā vēl ir ciet

cik bezgala tālu ejams!
kad acis plēn dziļi pierē
un sažņaugtās dūres kauc
teic zīlīt kā tur stāv rakstos?
tu tāču zini jo pati
šai sarmainā tuksnesī sauc

At the Seventh Gate

I have set God aside;
it is God's word I need,
uttered by a simple mouth
from the seventh afterworld
beyond the sun:
I need to invite it home,
to lay it like a green myrtle sprig
in the daily hand
offered to one's nearest

today, what fairy-tale frost!
how clearly the titmouse foretells,
how naïve, in pale primary blue,
the firmament;
bread, it will somehow be earned—
how much can be worn on the back?
but words
         in perpetual winter
are scarce for us all

before, after, beyond time
I might have set out;
speech explodes, print stutters, bullets
follow a bloody path—
I cup my hands like a horn:
six afterworlds have been searched,
the seventh still is closed

how infinitely far we must travel!
when sunken eyes grow cold like ashes
and a clenched fist cries out,
tell us, titmouse, what is it the scriptures say?
you know, for you yourself call
in this frost-covered desert

Cogito, Ergo Sum

Man var atņemt pēdējo svārku,
Var izdzīt kā suni vējā,
Var simtreiz piesolīt zārku,
Var melīgi smieties sejā;
Var laurus un prēmijas iedot,
Var turīgā dzīvē spīdzināt,
Manai ērtībai pēdējo garozu ziedot
Un sevi ar zemi līdzināt.
Bet kaut kas paliek, ceļ galvu zaļu
Pār visu, kas ņemts un dots.
Tā ir doma. Kamēr tai ļauju vaļu,
Es esmu apbruņots.

Cogito, Ergo Sum

They can take my last coat,
Throw me out into the wind like a dog,
Threaten me a hundred times with a coffin
And lying, laugh in my face;
They can bring me gifts and laurels,
Torment me with riches,
Sacrifice the last crust of bread for me,
Lie prostrate on the ground.
Something survives and lifts its green head
Above everything taken and given.
That is thought. As long as I give it rein,
I am armed.

"Saule sen jau purva sūnājos"

Saule sen jau purva sūnājos.
Putni atspēlēja vakarjundu.
Gaidot savas brīvestības stundu,
Es ar Mordovijas bērziem runājos.

Cietumsargi auro, žūpojot
Lēnā, miera pilnā svētvakarā.
Bērzi šalko, katrā sīkā zarā
Pasaku vai sapni šūpojot.

Zogas nakts tik bailīgi un saudzīgi.
Ielien vārtos, dzelžu ērkšķiem kaltos.
Bērzi mirdz kā vīri kreklos baltos,—
Uzticīgi, stipri, draudzīgi.

Šķiet, pa gūsta ceļiem garajiem
Es nemūžam neesmu trimdā gājis,
Brīdi tik ar bērziem parunājis
Kā ar sirmiem latvju arājiem.

"The sun has descended"

The sun has descended into marshland moss;
Birds have echoed the evening's taps.
As I wait for the hour of freedom,
I talk with Mordovia's birches.

On this tranquil Sabbath eve
The guards shout and carouse,
The birches rustle—their branches hung
With fairy tales and dreams.

Night, timid and cautious,
Slips in through the iron-thorn gate;
The birches gleam like white-shirted men—
Friendly, faithful, strong.

It seems, as I walk the long imprisonment roads,
I have never been exiled:
I've only been talking with birches awhile,
As if with gray-headed Latvian plowmen.

Pienenei kas uzziedējusi novembrī

Ja tu zini ka tev ir jāzied
Neprasi vai ir pienācis laiks
Neprasi vai ir pagājis laiks
Ja tu zini ka tev ir jāzied

Klausi balsij kas tevī tek
Tad kad sula spiež tavas saknes
Tad kad tevi tavs zaļums moka
Klausi balsij kas tevī tek

Cel uz augšu dzelteno kroni
Sajauc plānus un mēneškārtas
Sajauc likumus sajauc prātus
Cel uz augšu dzelteno kroni

Un ar tevi mēs esam mājās
Uzziedējusi neaicināta
Uzziedējusi nelūgdama
Un ar tevi mēs esam mājās

To a Dandelion Blooming in November

If you know you must bloom
Don't ask if the time has come
Don't ask if the time has gone
If you know you must bloom

Heed the voice coursing in you
When sap disturbs your roots
When your greenness torments you
Heed the voice coursing in you

Lift up your yellow crown
Muddle plans and calendars
Muddle rules, muddle minds
Lift up your yellow crown

With you, we feel we are home
You bloomed unasked
You bloom unasking
With you, we feel we are home

Nejaušs, bet likumsakarīgs dzejolis

Kisu kilichopotea kimeonekana.

Pazaudētais nazis atrasts.
(Frāze no kāda suahili valodas konspekta)

Atkal pie vietas mans draugs,
Mans nazis.
Un atkal tie, kas rādījās nepazīstam,
Mani pazīs.

Un šorīt saule tik grezni kā agrāk
Ir uzlēkusi.
Un es pasauli dalu kā ābolu—
Pusi uz pusi.

Un šodien ir atkal tāda diena,
Vēl neredzēta.
Un šodien atkal kā vēl nekad
Sāp veca rēta.

Draugs, tu šķindot un dziedot iesi,
Kur sūtīs.
Un, ja man taisnība jāsaka,—
Mans nazis ir manā galvā.
Mans nazis ir manā mutē.
Mans nazis ir manās krūtīs.

Unexpected

"The lost knife has been found."
—From a handbook for learning Swahili

My friend is back in place:
My knife.
Those who seemed not to know me
Will know me again.

This morning the sun appeared
Splendid as before,
And I slice the world like an apple—
In half.

Today is again a day
Never encountered before,
And today as never before
An old scar begins to ache.

You will ring and sing, my friend,
Wherever you are sent:
For to tell the truth,
My knife is in my head.
My knife is in my mouth.
My knife is in my breast.

Mīlestības dzejolis

Es gribētu skaidri. Neieskaitīt
Attiecību samudžināto dziju.
Ne pušplēsta vārda.
Lai pietiek ar reakciju.

Tā. Tikai tā. Ja būs vajadzīgs
Pret pasauli diviem palikt,
Jebkurā brīdī atvienot krūtis
Un muguras kopā salikt.

Vai tas būtu par daudz?
Bet nevar uzrakstīt dzeju,
Ja lodi gaida ar muguru
Un nevis ar seju.

A Love Poem

I would like clarity. To exclude
A relationship's tangled yarn.
Not a word.
Let reaction suffice.

So. Only so. And if the two of us
Are pitched alone against the world,
That we can instantly swing about
From face-to-face
And stand back to back.

Would that be too much?
But a poem cannot be written
If one awaits the bullet
From the back,
And not from the front.

Konstanti Ildefonss Galčiņskis

Jā, prata fantazēt Ildefonss Konstanti!
Trīs konstanti lielumi dvēselē bija:
Johanna Sebastiana Baha fūgas,
Pilnmēnesnīca un paņi Natālija.

O, tas bija burvis! Visa pasaule bija spiesta
Paklausīt viņa zaļai, viņa kristāliskajai gribai.
Pasakas valdnieks, bezalgas melnstrādnieks
Savai svētajai trīsvienībai.

Pār Eiropu barbars pacēla nāves bozi—
Konstanti paglāba cietumnieka tupelē
Paradīzes putnu un maģisko rozi.

Pēc tam lēca cita saule.
Kaut rūgta, kaut plankumaina,—bet saule bija.

Bahs, mēnesnīca, paņi Natālija.

Konstanty Ildefons Gałczyński

Yes, Konstanty Ildefons knew how to fantasize!
Three treasures he kept in his soul:
The fugues of Johann Sebastian Bach,
The full moon, and Madame Natalia.

What a magician! The whole world
Bowed to his green, crystalline will.
A fairy-tale king, an unpaid laborer, serving
His own holy trinity.

Then over Europe, a barbarian raised his deadly club—
Konstanty rescued, in a prisoner's shoe,
The bird of paradise and the magic rose.

But afterward, the sun looked different:
Spotted, bitter. And yet, it stayed a sun.

Bach, the moon, and Madame Natalia.

"pie maniem miljoniem gadu"

pie maniem miljoniem gadu es piebilstu smiltī vēl vienu
kad vilnis apviļā mani un smejot caur akmeni triec
kad saule iemāca dziedāt savu visaugstāko dienu
un atveras stīvā dūre kā nevarīgs ūdens zieds

līdz elpai līdz mūžībai kailai es noplēšu savu seju
un grieķiskā ritumā pārdziest mans liktenis sarauts un ass

no lūpām nopūšas blāzma
                              sirds mājupnāk ostā pret vēju
es stāvu pie šūpuļa zila un gaidu kad kļūšu mazs

"to my millions of years"

to my millions of years, in the sand I mark another
as waves tumble me and laughing, drive me through stone,
as the sun teaches me to sing its most exalted day
and a rigid fist unfolds like a fragile water lily

until the end of breath, of naked eternity, to an ancient Greek measure
I tear off my face, and my fate, tattered and jagged, fades

from my lips the glow drifts away,
            and the heart, homeward against the wind, nears a harbor;
I stand beside a blue cradle, waiting to grow small

Starplaukā

Tuvojas skaņa. Un, padevīga smeldzīgajai
skaņai, dvēsele kļūst jaunāka.

(A. Bloks)*

kaut kas lūst raisās vaļā un ritinās šķiezdamies sprāgdams
vēl nav ne skata ne vārda tikai mūžības bangojums tāls
mani noglauž ar mēli kā vilnis kā māte kā zobenu karavīrs sākdams
pirms vēl dvēselei līdz lido gaisā pa gadsimtiem salijis māls

tas ir krietnākais brīdis no brīžiem kad iedvēsums cērt pa nāsīm
kad rokās un kājās smadzenēs muskuļi milst un sprieg
kad tev nav svara kā smaržai kā burtam uz bērza tāsīm
bet tu apzinies akmeņa dvašu un dzirdi kur pārsla snieg

un tu smeldzi šo acubrīdi izstiept kā ceļu garu
raibot un līkumot mūžos pirms domu no zviļājiem lauzt
bet no skaņas nāk skaņa un tu pretī stiep rokā zaru
saule aust

No-Man's-Land

Sound draws near. And yielding to its sting,
The soul grows younger.
                                        —Alexander Blok

something shatters, breaks loose, tumbles bursting and spilling,
still unseeing and wordless, like a billow from a distant eternity—
its tongue strokes me like a wave, a mother, a new soldier's sword,
before the soul has soared through the air, before centuries of
    flowing clay

it is the most honest moment of moments: when passion stings the
    nostrils,
when the muscles of hands, and feet, and mind swell and tense,
when you are weightless as scent, as a word written on birch bark,
but you perceive a stone's breath, and hear where a snowflake falls

you ache to lengthen this moment into a long journey,
to rejoice in, to meander through eternity before wresting thought
    out of glitter,
but sound begets sound, and your hand holds out a branch:
the sun rises

Ģitāras pavadījumā

Empieza el llanto
de la guitarra . . .
Sākas ģitāras raudas . . .
(F. Garsija Lorka)

Mēs vēl esam koki,
mūsu mutes smagas,
mūsu rokas melnas,
un kāju mums nav.

Pār galvām gausi
mākoņu čūskas,
sarkanas čūskas,
        sarkanas čūskas,
sarkanas čūkstas
lien.

Vēl klusē kauli
zem pīšļu grēdām,
vēl krūtīs sikspārnis
galvu lejup,
vēl nepamodies.

Vai mēs to zinām,
kur saule lec?

Vējš atlaiž nagus.
        Vēl klusē kauli.
Vējš izslej kumbru,
        vēl klusē kauli.
Vējš izstiepjas, lec
un neatgriežas.

Mazpamazītēm,
sākumā čukstus,

To the Accompaniment of a Guitar

*The weeping of the guitar
begins.*
—Federico García Lorca

We are still trees:
our mouths are heavy,
our hands black,
and we don't have feet.

Above our heads glide
cloud snakes—
red snakes,
   red snakes,
red snakes.

Beneath layers of dust and ashes
our bones are still silent;
a bat still sleeps,
upside down,
in each of our chests.

Do we know
where the sun will rise?

The wind loosens its claws.
   Our bones are still silent.
The wind straightens its back,
   our bones are still silent.
The wind stretches its limbs and leaps
and doesn't return.

Little by little,
first whispering,

Tad soļiem, tad skriešus
un draudēdama,
un raudādama,
un pielūgdama,
un pielīzdama,
un sadrupdama gabalu gabalos
kaila ģitāra
veras vaļā.

Vai mēs to zinām,
to vara diegu,
ko ģitāra velk
caur mūsu pierēm?

Mēs
jau
vairs
neesam,

bet mēs jau būsim.

then walking, then running,
and threatening
and weeping
and worshiping
and stealing closer
and splintering,
a bare guitar
opens.

Do we know that copper thread
it draws
across our brows?

We
no longer
exist,

but we shall.

V

Septiņas pirmā sniega elēģijas
un divas elēģijas par pērno sniegu

1. *Elēģija—jautājums*

Kam tu tik nedroša kā pirmais sniegs?
Uz zaļas lapas pārsla atpūšas.
Uz viena zara, vienā mīlas gultā
Guļ jaunība un pusmūžs. Kauns un bads.
Kam tu tik nedroša?
Guļ ģindenis un puķe.
Margrietiņa.
Nē, laikam balta roze.
Vai varbūt jasmīns.
Viss balts un balts, un balts, un nevar redzēt,
Kas manīm pašam acu dobēs aug.
Tu taču zini,—saki!
Kam tu tik nedroša?
Tu esi vienīgā, kas nāk un paliek
No visas lielās, baltās karaļvalsts.
Kamdēļ nav karaļa?
Tu taču zini,—saki!
Kam tu tik nedroša kā pērnais sniegs?

from *Elegies on Snow*

1. Elegy: A Question

Why do you falter like first snow?
On a green leaf rests a snowflake.
On the same branch, in the same bed of love
Lie youth and midlife. Famine and shame.
Why do you falter?
A skeleton and a flower,
A daisy.
No, a white rose.
Or maybe jasmine.
All is white, white, white, it's hard to see
What grows in the gardens of my eyes.
But *you* know—tell me!
Why do you falter?
From the immense white kingdom
You alone have come to stay.
Why is there no king?
You know—tell me!
Why do you falter like the snows
Of yesteryear?

2. Ačgārnā elēģija

Nakts baltā debess kaisa melnu sniegu,
Un asinsvados trako prātīgums,
Un priecīgs ieslodzītais dejo stiepļu žogā,
Un nulle līdzinās simt astoņdesmit grādiem.
Kur bija punkts, tur tagad sēro daudzpunkts.
Un visa dzīve saņemama plaukstā.
Kur biji tu, tur tagad smejas sliedes.
Kur biji tu, tur tagad,—
Kur biji tu, tur tagad,—
Kur biji tu,
Kur tu...

2. A Backwards Elegy

A night's white sky showers black snow,
And through my veins reason runs wild,
And behind barbed wire a prisoner dances for joy,
And zero equals one hundred eighty degrees.
A row of mournful dots ends a sentence,
An entire life fits in the palm of the hand.
Where you once were, today laugh railroad tracks.
Where you once were, today—
Where you once were—
Once were—
Where you . . .

3. Cerības elēģija

Vai tad resnai basa taurei
Skaņa pāri nepaliek?

Tu uguni iekur
No sausām skaidām,
Uguns tās pārvērš
Pumpuros brūnos.

Vai no visa zvaigžņu lietus
Akmens pāri nepaliek?

Tu apgāz trauku,
Izdzertu sausu,
Un saule to pielej
Ar siltu pienu.

Un, kad šo trauku apgāzīs saule,—
Tu piepildīsi.

3. Elegy: Hope

Doesn't even a tuba
Leave a tune behind?

You kindle a fire
With dry twigs,
Burning, they burst
Into blossom.

Doesn't all the rain from the stars
Leave a stone behind?

You topple the vessel
You drink dry,
And the sun refills it—
With warm milk.

And when the *sun* topples the vessel—
You will refill it.

4. Nevainības elēģija

Pār tevi krīt nekūstošs sniegs—
Tu esi nevainīga.
Pār tevi krīt nekūstošs spriedums—
Tu esi nevainīga.

Pār tevi krīt nekūstošs mulsums,
Un nekūstošs spēks ar baltu mieru
Ap galvu tev dejo—
Tu esi nevainīga.

Un tu izkūsti
Nevainībā,
Un tu nomirsti
Nevainībā.

Pār citiem pleciem krīt nekūstošs sniegs—
Tu esi nevainīga.

4. Elegy: Innocence

Across your shoulders falls unmelting snow—
You are innocent.
Across your shoulders falls unmelting judgment—
You are innocent.

Across your shoulders falls unmelting mystery,
And about your head dances
An unmelting force with white peace—
You are innocent.

And you melt
Innocent,
And you die
Innocent.

Snow, unmelting, falls across the shoulders of others—
You are innocent.

5. Visīsākā elēģija

Kādēļ šis sniegs ir sarkans?

5. *The Shortest Elegy*

Why is the snow before us red?

6. Elēģija—piebūrums

". . . Lai bez manis tev nav ūdens.
Lai bez manis tev nav pagalvja.
Lai bez manis tev nav bērna.
Lai bez manis tev nav vārda.

Neskaties, ka manis nav,—
Es esmu.

Neskaties, ka jau snieg,—
Es esmu.
Neskaties, ka jau sirdi rauj krampji,—
Es esmu.

Un kur tu dēsies?

Avots pusvārdā aizcirtīsies.
No grāmatas izkritīs puse lapu,
Un tev no mutes pēdējie zobi.
Nokaltīs roka pusmastā
Un kā biedēklis staigās līdzi,—

Ja tu gribēsi, ja tu domāsi
Būt bez manis!. . ."

Tāda bija balss 1965. gada 19. oktobrī, plkst. 21.00,
sniegā.

6. Elegy: A Charm

". . . Without me, may you thirst.
Without me, may your head never rest on a pillow.
Without me, may you be childless.
Without me, may you be nameless.

Don't say I am absent—
I exist.

Don't say it is snowing—
I exist.
Don't say your heart suffers spasms—
I exist.

And where would you go?

The stream will run dry in mid-sentence.
Half the pages will fall out of your book,
And you will lose all of your teeth.
A hand will wither at half-mast
And follow you like a spook

If you should mean to exist
Without me! . . ."

A voice on October 19, 1965, at 21.00,
in the snow.

Elēģija par pērno sniegu Nr. 1

Kam tu tik pārdroša kā pērnais sniegs?
Vel droši visu bēdu pērnā sniegā,—
Kas gan vairs liecinās par pērno sniegu?
Par izzudušo, pērno, Nr. 1?
Vel droši aizpērnā, vel aizaizpērnā,
Un lai tev šķiet, ka bēda iztek,
Un lai tu nezini, ka Nr. 1
Man mūžam līdzi, salts un neizkusis,
Kā Nr. 2, Nr. 3 un četri
Un aiz-, un aiz-, un aiz-, un aiz-,
Cik pērno bijis—visi tie ir manī.
Vel droši bēdu, vel un nedomā,
Un esi pārdroša kā pērnais sniegs!

Elegy on Yesteryear's Snow, No. 1

Why are you fearless as yesteryear's snow?
Be fearless, roll into yesteryear's snow all sorrow—
Who will bear witness to yesteryear's snow,
To yesteryear's perished snow no. 1?
Roll sorrow into yesteryear's, into yester-yesteryear's snows,
And may you believe it flows away,
And never know that no. 1
Stays with me always, cold and unmelting,
Like no. 2, no. 3, and four
And those before, and before, and before—
Whatever the count, all are within me.
Be fearless, roll sorrow away and don't wonder,
Be fearless as yesteryear's snow!

Elēģija par pērno sniegu Nr. 2

Mūsu kādreiz varbūt nebūs.
Bet kaut kur dzīvos vēl pērnais sniegs,
Un pērnā gaisma
Lidos kā lidojusi.
Tālākā sirdī un planētā
Pārvērtīsies par šogadu.
Mūsu drīz varbūt nebūs.
Pareizāk sakot, mēs būsim.

Satrūdēs mūsu vārdi, izdzeltēs mūsu ģīmetnes,
Bet sniegainais vakars atradīs citas lūpas,
Citus plecus
Un citas laternas.
Un tās visas būs mūsu.
Pareizāk sakot, mēs būsim.

Mūžīgi mūžos.
Bez "āmen".

Elegy on Yesteryear's Snow, No. 2

Someday we may not exist.
But yesteryear's snow will live,
And yesteryear's light
Will fly on,
Reaching a distant planet and heart
Transformed as today.
Soon we may not exist.
More precisely, we will.

Our words may decay, our portraits yellow,
But a snowy evening will find other lips,
Other shoulders,
And other lanterns.
And all of them will be ours.
More precisely, we will exist.

Forever and ever.
Without amen.

Notes

The poems are from *Sēkla sniegā* (*Seed in Snow*), 1963–69, except for the following, which are from *Dzeja, 1969–1980* (*Poems, 1969–1980*): "the sky cuckoos," "don't say a word," "stone, can you thrust aside a wayfarer?" "it's long past midnight," "and when snow is thrown into your eyes," and "to my millions of years."

From the Hospital Zone: Author's note at the first publication of the poem (1989): "'Hospital zone' was part of the terminology. There were also the work zone, the living zone, and the 'shizo,' or solitary confinement punishment chamber, known as the 'fifth corner.' Everything outside the barbed-wire fence was called the 'big zone.' In this big zone, in a swampy valley, you could glimpse a cemetery—so repellent it dispelled any desire to die before one's time. It turns out that this, too, is a way of learning how to live."

Beneath the Polestar in August: Author's note at the first publication of the poem (1987): "My month is August. Despite the fact that I was born in September. The number of poems dedicated to August would add up to, if not a small book, at least a long series. Why? Still summer but not quite. Still an ache in the heart but already also clarity. The very center of living and life, memory and hope at the same time. This poem was written some time ago, in 1968, but it still lives in me. That is my life. From August to August."

Avetik Isahakyan: Haiastan: An Armenian name for "Armenia"—i.e., "land of the Hai."

About Remaining: Epigraph: Trans. Mark Musa, *The Portable Dante* (New York: Penguin, 1995).

At the Seventh Gate: "Beyond the sun": The Latvian word for "afterworld" is *aizsaule*, meaning "beyond the sun."

Unexpected: Epigraph: Author's note at the first publication of the poem (1989): "In the camp I found a discarded handbook for learning Swahili. I opened it and saw this sentence, in Swahili and in English translation; it became the impetus for this poem."

Konstanty Ildefons Gałczyński: Natalia: Gałczyński's wife.

To the Accompaniment of a Guitar: Epigraph: Trans. Cola Franzen, in Federico García Lorca, *Selected Verse* (Farrar, Straus and Giroux, 1994).

Acknowledgments

Grateful acknowledgment is made to the editors of the following journals, where these poems first appeared:

Europa-Europe: A Poem, ed. Roy Kift (Castrop-Rauxel, Germany, 2010): "*Cogito, Ergo Sum*";
International Poetry Review: "César Vallejo," "To a Dandelion Blooming in November";
Notre Dame Review: "Carl Maria von Weber's *Invitation to the Dance*," "A Lexicon";
Poetry East: "Commentary," "Konstanty Ildefons Gałczyński," "The Voice of a Snowflake";
Subtropics: "The Seed Is Knocking," "the sky cuckoos";
Taiga: "To the Accompaniment of a Guitar";
Zoland Poetry: "At the Edge of the World."

Warm thanks to April Ossmann for her valuable reading of the poems; to Rika Lesser for her continuing support; and especially to Knuts Skujenieks, for his encouragement, discussions, and hospitality in Latvia. Also a sincere thank you to all who helped at BOA, especially Peter Conners, Jenna Fisher, and Sandy Knight.

About the Author

Knuts Skujenieks, born in Latvia in 1936, studied philology and history at the University of Latvia, and from 1956 to 1961 attended the Maksim Gorky Institute for Literature in Moscow. Soon after his return to Latvia, he was arrested on trumped-up charges of anti-Soviet activity and sentenced to seven years in the Mordovia gulag (1963–69). There he read and wrote intensively, and sent out in letters several hundred poems, first published in their entirety in 2002 as *Sēkla sniegā* (*Seed in Snow*). Returning to Latvia in 1969, he found publication of his work restricted, and made a living as a translator. A polyglot, he has translated into Latvian such poets as Lorca, Ritsos, Neruda, Vallejo, Gałczyński, and Tranströmer; poetry from little-known languages; and European folk songs. His first volume of poetry, permitted to be published in 1978, has been followed by four others, and his collected works (eight volumes) were published in 2002–2008. Skujenieks has received the highest literary and state honors in Latvia, as well as awards across Europe, including Sweden's Tomas Tranströmer Prize, and his poetry has been translated into more than thirty languages (including collections in Polish, Armenian, Croatian, Ukrainian, Lithuanian, Italian, and three in Swedish). This is the first collection in English. He lives in Salaspils, Latvia.

About the Translator

Bitite Vinklers is a translator of Latvian folklore and contemporary poetry and fiction. For the translation of the Latvian *dainas* she has received a National Endowment for the Humanities grant; her translations of contemporary work have appeared in anthologies (among them *Shifting Borders: East European Poetries of the Eighties,* ed. W. Cummins) and in journals, including *The Paris Review, Poetry East, Subtropics, Notre Dame Review,* and *Denver Quarterly.* Her translation of the poetry of Imants Ziedonis, *Each Day Catches Fire,* was published in 2015. She lives and works as a freelance editor in New York.

The Lannan Translations Selection Series

Ljuba Merlina Bortolani, *The Siege*
Olga Orozco, *Engravings Torn from Insomnia*
Gérard Martin, *The Hiddenness of the World*
Fadhil Al-Azzawi, *Miracle Maker*
Sándor Csoóri, *Before and After the Fall: New Poems*
Francisca Aguirre, *Ithaca*
Jean-Michel Maulpoix, *A Matter of Blue*
Willow, Wine, Mirror, Moon: Women's Poems from Tang China
Felipe Benítez Reyes, *Probable Lives*
Ko Un, *Flowers of a Moment*
Paulo Henriques Britto, *The Clean Shirt of It*
Moikom Zeqo, *I Don't Believe in Ghosts*
Adonis (Ali Ahmad Sa'id), *Mihyar of Damascus, His Songs*
Maya Bejerano, *The Hymns of Job and Other Poems*
Novica Tadić, *Dark Things*
Praises & Offenses: Three Women Poets of the Dominican Republic
Ece Temelkuran, *Book of the Edge*
Aleš Šteger, *The Book of Things*
Nikola Madzirov, *Remnants of Another Age*
Carsten René Nielsen, *House Inspections*
Jacek Gutorow, *The Folding Star and Other Poems*
Marosa di Giorgio, *Diadem*
Zeeshan Sahil, *Light and Heavy Things*
Sohrab Sepehri, *The Oasis of Now*
Dariusz Sośnicki, *The World Shared: Poems*
Nguyen Phan Que Mai, *The Secret of Hoa Sen*
Aleš Debeljak, *Smugglers*
Erez Bitton, *You Who Cross My Path*
Mangalesh Dabral, *This Number Does Not Exist*
Knuts Skujenieks, *Seed in Snow*

For more on the Lannan Translations Selection Series
visit our website:
www.boaeditions.org